문학과지성 시인선 618

습이거나 스페인

송재학 시집

문학과지성사

문학과지성사에서 펴낸 송재학의 시집

얼음시집(1988)
푸른빛과 싸우다(1994)
검은색(2015)
슬프다 풀 끗혜 이슬(2019)

문학과지성 시인선 618

습이거나 스페인

펴낸날 2025년 5월 30일

지은이   송재학
펴낸이   이광호
주간   이근혜
편집   최은지 이주이 김필균 허단 윤소진 유하은
마케팅   이가은 허황 최지애 남미리 맹정현
제작   강병석
펴낸곳   ㈜문학과지성사
등록번호 제1993-000098호
주소   04034 서울 마포구 잔다리로7길 18(서교동 377-20)
전화   02)338-7224
팩스   02)323-4180(편집) / 02)338-7221(영업)
대표메일 moonji@moonji.com
저작권 문의 copyright@moonji.com
홈페이지 www.moonji.com

ⓒ 송재학, 2025. Printed in Seoul, Korea

ISBN 978-89-320-4404-0 03810

이 책의 판권은 지은이와 ㈜문학과지성사에 있습니다.
양측의 서면 동의 없는 무단 전재 및 복제를 금합니다.

문학과지성 시인선 618
습이거나 스페인

송재학

시인의 말

시 쓰기는 어떤 육체인가라는 질문을
스스로에게 늘 되풀이했다.
사람과 풍경에 대해서도 그러했다.

2025년 5월
송재학

습이거나 스페인
차례

시인의 말

1부 가로등이 꺼진 뒤의 불빛
너에게 속삭이는 말이면서 아직 나에게 하는 말 중에   9
어떤 입을 보고 입을 다물었다   10
눈사람   11
밤의 장소   12
가로등이 꺼지면 더딘 불빛은 어디로 가는 걸까   14
엄마가 있다   15
부처   16
상강(霜降)   18
파문이거나 물결이거나   19
우두산   20
아파트를 업고 다니는 그림자   22
해변 b   23
가니메데라는 궤도   24
눈을 바라보는 눈 1   27
눈을 바라보는 눈 2   28
말머리성운   29
잎새의 물갈퀴   30
입의 증식   31

백일홍이 싸우듯이 32
빗살무늬 33
섬망 34
데스마스크 35
결핵 문학 2 37
지구의 중력 39

2부 시에서 생활을 익혔기에

만월 43
습이거나 스페인 44
리스본 가이드 46
노란색을 믿어보는 생활 47
망자들 사이 내 이름이 있다 48
날아다니는 파리 49
물 한 잔 50
미숯과 티브이 사이 51
이중국적 53
한국문학 55
낮에 대한 궁리 56
풀쐐기에 쏘였을 때의 민간요법 58
3월, 자작나무, 소년 59
산 중턱이 기슭이 되는 이유 61
윤슬 62
입춘 지나 얼음 녹으면서 개울물은 63
강아지가 냅다 달리듯 요란하다
겨울 강 64

쓴맛 단맛 65
걸어놓은 고기 66
유령 68
중국요리, 고오금 70

3부 노래의 생각들

스타더스트 73
굿바이 용문객잔 75
거의 모두 77
꽃잎마다 너라는 잔상 78
달에 닿기 위하여 79
어제와 비에 대한 인터뷰 81
푸른 별 83
바다의 힘 85
자전 86
흰색 87
섬 88

해설
나와 세계의 바로크적 선율·이희우 89

1부
가로등이 꺼진 뒤의 불빛

너에게 속삭이는 말이면서 아직 나에게
하는 말 중에

시라는 붉은 면적이 있다

어떤 입을 보고 입을 다물었다

누에 암나방은 다섯번째 탈피를 마치면 알을 낳은 뒤 입이 퇴화되어 점차 먹지 못해 죽는다 누에 암나방은 태어날 때 이미 눈이 없다

눈사람

 확실히 넌 옷을 걸치지 않는 게 좋아 보여 그게 누드는 아니야 웃지 말라는 건 더욱 아니지 처음부터 너의 옷은 옷걸이조차 없다 역병을 경험한 너의 흰색은 고요에 다가가는데 소란을 감싸려는 넓이라고 할 수밖에, 숯이라는 눈빛과 잘 어울리는 흰색 때문에 무엇이든 눈이나 눈동자가 될 수 있기에 지금 나는 검은색을 생각 중이야 이렇게 많은 것 사이의 흰색은 사실이 확인되지 않는 말, 몸의 내부와 외부가 균일한 흰색 위에 각혈 한 방울 떨어지는 냉담한 추위 탓에, 물끄러미 멈춘 너에게 다시 시작되는 폭설은 현실과 환상이 서로의 이름이라는 것, 시나브로 네가 녹으니까 입이나 눈 없이 돌아오라는 소식과 풍문은 잔설만이 애써 품고 있다

밤의 장소

  산봉우리 옛 수도원의 첨탑,
  허공에 걸린 심장이지만 맥박을 가졌다

  기억이 생긴 태양과 달이 살아가는 소식을 담는 프레스코 벽화, 오래된 무늬가 머문 실내에는 빛이 만든 그네와 시소가 있다 빗물과 역광의 정지 화면은 아직 마르지 않아 두 손을 거치면서 나에게 휘슬이 생겼다

  장소는 언제나 연인*이었다
  수도원 앞 뜨락이 무릎이 어두운 꽃들에게 바삐 휩쓸릴 때
  날씨와 함께 웃자라는 풀꽃 군락이다

  서로 닿을 것 같은 별빛은 몽환이지만, 별과 별 사이는 너무 멀어 아직 냉담하기에 별의 이름은 만년설에서 건너왔다

  돌아 나올 때
  내가 평생 기다린 말처럼 수도원에 불이 켜졌다

뒤돌아보지 않았지만
나를 따라다닌 어제, 그리고
더 좋은 생각처럼 밤새 불이 밝혀져 있다는 것

* 이광호, 『장소의 연인들』, 문학과지성사, 2023.

가로등이 꺼지면 더딘 불빛은 어디로 가는 걸까

장례식장 뒤쪽 후미진 곳에서 여자가 남자를 윽박지르고 있다 남자의 흰 와이셔츠가 찢어지고 여기저기 생채기가 생긴다 하지만 우는 것은 여자다 남자는 자꾸 찡그린다 마침내 남자의 얼굴에 피가 튄다 여자는 남자보다 더 숨이 가쁘다 욕설까지 덧붙이는지 남자의 표정이 굳는다 급기야 여자가 신발을 벗어 던진다 외등의 희붐한 빛이 두 사람을 보듬지 못하여 일그러지다가 어두운 부분이 많아진다 밤에 생긴 그림자와 명암이 엉키기도 전에 남자는 여자를 부둥켜안고 울기 시작했다 가로등이 꺼지면 불빛은 어디로 가는 걸까*

* 셰익스피어가 말한 "눈이 녹으면 그 흰빛은 어디로 가는 걸까"에서 차용.

엄마가 있다

　여자는 방금 장례식장에서 어린 딸을 고이 보냈다 묵주만 자꾸 굴리면서 입성이고 뭐고 추레해져서 여자는 누군가를 간신히 부른다 딸의 이름은 아니지만, 귀 기울이면 여자는 엄마 엄마를 되풀이한다 바짝 말라버린 하천을 맨발로 뛰어가면서 미간을 찡그리고 엄마를 부른다 딸아이가 자신을 부르는 것처럼 엄마 엄마, 입찬소리를 되풀이한다 엄마 속에 여자의 딸과 여자의 엄마와 딸의 엄마가 번갈아 나타난다 붙잡거나 저미거나 어루만지며 사무치던 엄마가 오롯이 이름을 부르고 있다

부처

 산스크리트어 붓다와 한자어 불체(佛體)에서 부처라는 말이 시작되었습니다 부처라고 속삭여보면 침향이 번집니다 마애불의 옷깃도 슬몃 따라옵니다 호토케와 푸치히는 일본어와 만주어에서 부처라는 말인데 우리 고어에서 비롯되었습니다 호토케에는 소라 같은 육계가 만져지고, 푸치히는 호지의 바람을 탁본하면서 만나는 부처*입니다 부처라는 우리말과 멀어져서 의심은 암귀를 낳지만 원래 불심이란 게 괴로움을 감싸안거나 패대기치거나 그러고도 무언가 삐져나오면 죄다 꿰매어버리는 겁니다 부처의 복장(腹藏)에서 물고기와 새 떼가 시끌시끌한 것도 이상하지 않습니다 중세국어에서 부처는 부텨입니다 음가가 거슬리지만 옛말의 버릇입니다 생활이 곤궁하고 마음이 간난했던 발음입니다 좀더 거슬러 가면 부처의 우리말 발성은 퓨투겨입니다 낯설고 서먹해 보입니다만 몇 년마다 전쟁을 겪어야 하는 시절의 익숙한 표기입니다 상고 일본어로 부처는 포토케, 그 언저리에는 반가사유상을 시작한 신라의 홍송 냄새가 스며 있습니다 일본으로 건너간 부처는 우리와 점점 멀어지더니 언제부터 우리가 마주치기 힘든 눈매로 바뀌었습니다 고대 한국어, 만주어와 일본어

사이의 교류겠지만 호토케와 푸치히의 옷맵시가 바뀌며 늙어가는 게 하염없는 부처입니다 바짝 여윈 간다라 부처에서 목 없는 부처까지 모두 식구들입니다 부처의 두상만 평생 찾아다녔다는 사람이 결국 수면에 비친 자신의 낯꽃 핀 얼굴을 보고 행사를 그만두었습니다 부처라는 입말을 되새김할 때 진흙 소가 바다에 뛰어들어 흔적조차 없다는 이야기처럼 걸어가야 할 곳이 생기는 서사입니다

* 함북경원 여진문자비(국립중앙박물관 소장)에 다음과 같은 구절이 있다. "배만 목탑로의 처사 서기 문노가 푸치히의 몸을 금도금하여 절을 세웠다."

상강(霜降)

 바스러지는 가랑잎들은 무엇을 움켜쥐는가 그들은 도로건 모퉁이건 가장자리에 무리 지어 정전기를 나누기도 해 가랑잎은 어스름 같은 기침을 잊지 않으면서도, 그림자가 길어지면 자신이 여위어간다고 다짐하는 거야 덤프트럭이 지나갈 때 훅 쓸리는 잎들은 실눈만 뜨고 두리번거림, 그게 가랑잎인 줄 모르지만 앞차가 조심스레 지나간다 뒤차는 그게 가랑잎인 줄 알기에 눈 마주치고 속도를 줄인다 바퀴에 휩쓸리는 것이 무엇이든 아찔하다는 걸 모두가 짐작하는걸, 또한 얼룩인가 싶어 어두운 쪽으로 몰리는 가랑잎에 시선이 가는데 잎들이 스스로 끌려간다는 생각, 부서지고 너절해지면서 심장도 없이 오유(烏有)라는 생각을 지울 수 없어 마지막까지 자신을 소멸시키는 먼지의 꽃등 위로 햇빛 기둥이 세워지고 먼저 떠날게, 20미터 높이에서 30년을 보냈다는 주상 고행자*의 속삭임이 바스락, 잎새들이 매달렸던 것보다 잎새들에게 매달렸던 게 더 뭉클해

* 5세기 시리아의 수도사 시므온은 18미터 높이의 기둥 위에서 35년 이상을 수행했고 그곳에서 생을 마쳤다.

파문이거나 물결이거나

    저수지에서 꿈틀거리는 양서류의 전체는 도대체 짐작이 가질 않는다 저수지 모서리까지 뒤척이게 하는 입김을 복사한 물결과 마주치기도 했다 물속은 부글거리고 수면처럼 낮달을 품는 변온동물, 어디를 찔러야 피를 흘리는지 알 수 없지만 발톱 일부만 하얗게 반짝이는 짐승이다 생물이라는 슬픔이 다가오면 저수지의 수온은 조금 더 낮아진다 물위에 비치는 것이 무언가의 그림자만은 아니겠지 가끔 겨울이거나 가뭄이거나 저수지 바닥이 드러나면 수초와 함께 앙상한 늑골이 잠깐 보이다가 사라지지만 숨결은 남는다 이 양서류는 결국 무엇이 되려는 걸까 나도 자꾸 부풀어가는 몸이 거북하여 물을 적셔야만 했다

우두산

 물론 우두산 노루막이에서 쉬이 소 머리를 만나지 못하지만 되새김질하는 우기는 자주 마주친다 몸이 아픈 우중이라면 짐승의 일곱 구멍에서 비안개가 피어오를 때, 멍에가 궁금했던 산은 폭우 속에서 우마왕 가면 몇 겹을 벗어 던지고 우두망찰 민낯을 만지작거린다 순한 소리가 아니라 고삐와 코뚜레를 풀고 소가죽이 벗겨지는 바람, 소가죽을 다시 씌우는 바람, 죽은 소 갈비뼈 같은 골짜기*가 파이면서 나무 꺾이는 소리, 소 머리인지 봉우리인지 서로의 우각부를 잡고 뿌리째 뽑아내려는 뿔걸이 옆목치기 들치기 따위의 드잡이질로 우둔살 쪽 뒷배가 들쭉날쭉하는 숲을 챙겨 갔다 쿵, 하니 산정호수의 수심이 휘청거린다 우각봉 아래 서푼목정의 붉은 단풍이 기척도 없이 산사태를 불러왔다 계곡 옆의 절간에서 심우사 현판이 우물쭈물 바람에 날아간 것도 우연이 아니겠다 울멍진 우두산 첩첩 산들의 시접 위로, 우금령에도 불구하고 뿔이 뽑힌 짐승의 얼굴이 달과 마주친 표정으로 우두커니 떠올랐다

* 남명 조식의 「유두류록」(『남명집』)에 지리산을 묘사한 구절이 있다. "頭流十破死牛脇"(죽은 소 갈비뼈 같은 두류산 골짜기를 열 번이나 답파했다).

아파트를 업고 다니는 그림자

  컹컹 개 짖는 소리가 그림자처럼 길어지는 거지, 가까스로 골격만 올리고 중단된 아파트, 어쩌면 창틀마다 복면의 인면이 출몰하려는, 행적이 끊기자 어두워지면서 높고 구멍이 숭숭한 그림자가 나를 덮쳤다 쓰레기와 흙냄새까지 뒤섞이면서 훅 다가오는데 깜짝 무섬증이란 게 이렇구나, 저 안의 것들은 엉키거나 사라지지 못하는 얼룩들, 기울어진 아파트를 부양하는 부력이다 눈 위를 걸어도 흔적 없는 발자국이 아파트 복도를 지나가면서 프린트 중이라면, 누구일까 창문마다 흩어지거나 뭉쳐지는 기척들, 슬그머니 넝쿨이 올라가는 아파트 안에서 거친 숨 쉬는 것들, 귀신고래 무리라고 터무니없이 짐작되는 것들, 다시 베란다에서 무엇인가가 내 그림자를 뚫어지게 응시한다 문득 아파트가 그림자를 삼키듯 나도 내 속으로 들어갔다

해변 b

 직선 대신 점과 점이라는 항로는 새에 대한 의문의 형식이다 세계라는 말을 생략한 직각을 찾아가는 새 떼에게 표정이 있다면 비행의 높이라는 건 짐작이지만, 부글거리고 있을 해변 b의 이정표는 정지 화면을 되풀이한다 낯설어하는 해안선은 대체로 역광의 목소리, 밝음과 어둠을 번갈아 사용하는 날갯짓, 어디를 날아가도 빛의 산란 속으로 잠기는 새 떼다 늘어나는 사구와 더불어 먼 곳까지 연속사방무늬로 이어진 해변은 반복해서 읽고 있는 단편소설*의 페이지처럼 모두와 비대칭이다 말하지 않아도 될 새들의 주검은 차라리 투명하다고 믿을 수밖에, 홀로 파도에 젖어가는 리아스식 해변 b는 앞으로도 지도에 없는 곳이다 떠내려온 섬을 한사코 붙잡아야 했던 해변 b의 성정은 점차 사납고 고독해졌다 다시 도착하는 새들에 의해 어떤 해변은 끝이 아니라 늘 시작이다

* 로맹 가리의 「새들은 페루에 가서 죽다」(1962)에서 차용.

가니메데라는 궤도

 언제부터인가 목성을 바라보게 되었다 목성의 세 고리와 함께 거닐기도 한다 나는 지금 가니메데 위성의 얼음에 앉아 있다 내 사념 한 조각이 탄식도 그림자도 없이 거대 행성의 가스층까지 들락거린다 가니메데의 희박한 대기는 내 생각을 덥석 삼켰다

 번개를 동반한 거대 폭풍이 소용돌이치는 목성의 대적반은 나와 시선을 나누는 하나의 눈동자이다 낮이면 뜨거워지고 밤이면 차가워지는 내 하루는 별빛의 팽창 속도를 따라간다

 지구에서 나는 소멸되고 정신의 복사열만이 이곳으로 옮겨와서 생을 반복하고 있다 무엇이 나를 이곳으로 보냈는가는 나를 지구로 보냈던 약속과 다를 바 없다 광활하다는 우주의 넓이와 깊이는 늘 익숙하고도 으스스하다 생은 시공을 다시 삼키면서 반복하는 것이다

 내 교우록은 가니메데의 오로라와 얼음 그리고 어두운 부분이다 얼음의 흰색과 회색은 먼지 덩어리, 내 생각도

먼지처럼 흩어지고 뭉쳐진다 중얼거리다 얼어붙은 얼음은 모든 온도를 품기에 무겁다 어두운 부분도 마찬가지, 밝은 부분의 반대쪽이 아니면서도, 원래 어둠에서 태어났기에 보이지 않는 암흑을 발명하고픈 크레이터이다

 혼자서 입김을 내뿜고 행성의 궤도와 평행해진다는 것은 어떤 생인가 지구에서 난 식구라는 개념을 간직했다 윤리와 욕망도 당연했다 여기서 내 존재는 우주의 일부, 스타더스트라는 순서를 따라간다 별과 별의 거리는 조금씩 멀어지지만, 푸른 별과 붉은 별의 일생을 지켜보는 일과를 포함해서이다

 가끔 목성 너머 푸른 점과 마주칠 때, 희로애락은 별의 위치에서 쓸모없고 생로병사 역시 먼지라는 물질이지만, 지구에서 가져온 사소한 감정은 단 하나, 저 별에 대한 희미한 애착이다

 무시무시한 중력으로 지구를 보호해왔던 목성은 거대한 규칙을 실천한다 오늘 가니메데의 공전이 휜 덕분에

목성에 가장 근접했다 분홍빛 자전 소리가 이끌고 가는
목성의 하루는 아홉 시간 오십오 분이다

눈을 바라보는 눈 1

    눈물이 없다면 시름도 없이, 하늘과 땅을 잇는 폭풍과 번개가 아프고 가혹하게 뒤엉킨 지름 2만 킬로미터 소용돌이의 붉은 생명이라면, 넋이 나간 검은색, 자신의 색을 바꾸려는 누런색, 점점 더 밝아지는 푸른색, 진물이 번지는 듯한 흰색이 합쳐졌다가 헤어졌다가, 물론 목성의 눈동자*이다 아파트 입구 늙은 나무의 눈높이에서 움푹 파인 부분, 칼로 도려낸 눈동자이다 응그리며 녹아버리는 눈사람의 회색 눈이기도 하다가 색목의 에메랄드빛이 된 시선을 얌드록초호수가 빌려서 번쩍 눈 뜨기도 했다 따시델레, 안녕이라는 티베트 말 곁에 맴돌았다 몇 개의 눈동자가 있는 호수를 생각하면서 눈이 생기거나 눈매가 샐쭉해지는 이유를 짐작했다

* 목성의 대적반은 지름 2만 킬로미터, 너비 1만 킬로미터에 달하는 고기압성 소용돌이 태풍으로, 경도와 크기가 계속 변하고 있다.

눈을 바라보는 눈 2

언덕 윗부리에 눈동자가 있다는 생각
상실을 떠올렸다가
낮달이기도 했다가
언제나 먼 곳을 바라보기로 했다
언덕 아래 지층마다 눈동자
언덕 전체가 하나의 눈동자라는 마음
가슴이 붉은 딱새가 날아가고
말입술꽃이 피고 진다는 저곳
언덕보다 더 큰 눈동자의 앞날
모든 것이 가능하거나
애원하는 눈동자들이 젖어 있기에
이야기는 이어지고 있다는 생각

말머리성운

  버…… 버즈…… 버즘나무라는 고백으로 나의 친밀한 플라타너스, 가로수의 직립보행, 물갈퀴에서 뻗어 나온 넓은 잎들, 수피 반쪽에 얼굴을 새긴 듯 칼로 도려낸 흔적 주위로 초록색과 회색이 서로 흘기고 번지는지 얼룩덜룩하다 말머리처럼 삐죽하게 솟구치는 볼륨이 불규칙하게 뒤섞이는 실루엣이 보일 듯하여 한참 머뭇거린다 먼 곳에서 건너온 별빛이 나무에 스며드는 미세 동작은 귓속말이다 플라타너스가 도착하고 싶은 아침은 나의 늑골 부근, 우연은 필연의 배후라는 생뚱맞은 짐작처럼 나무 일기는 말머리성운을 삼킨 날짜와 날씨를 나이테마다 다르게 쓰고 있다 나무의 뒷면은 별의 확장 세계, 먼지가 스스로 뭉친 생이라 하지만 그건 오래된 내일이면서 어제의 궁금증이다

  늘 다른 무엇이던
  별자리와의 심야 통화를 기억한다는 모든 잎새들처럼
  — 내가 계속할게*

---

* 진은영, 「모자」, 『나는 오래된 거리처럼 너를 사랑하고』, 문학과지성사, 2022.

잎새의 물갈퀴

 누구나 앉을 수 있는 둥치는 나무가 고독을 쓰러뜨린 것
 하염없이 팔을 벌린 나무는 죽은 나무를 언덕에 식목
한 것

 플라타너스 잎새는 자랄수록 물갈퀴를 닮아가는데,
 물고기 잎새를 반짝이며 찬란한 뿌리를 휘날리는
 나무의 야행성이라는 항적에 대한 기록은 단 하나

 너무 오래 지상에 붙잡혔기에 시들고 마는 생에 반발하여

 지구의 기억과 충돌했던 달의 분화구까지 한달음에 날
아가려는 플라타너스의 광합성이 모든 잎새의 물갈퀴를
발명하고 있다는 내 추측의 절반쯤이 사실이라면 낮달조
차 언제까지나 기웃거릴 듯

 나는 어떤 잎새든지 꾸역꾸역 씹어 삼킨 적이 있기에,
  손가락 사이가 가려우면 곧 돋아날 얇은 막의 기척을
살펴본다

입의 증식

 난 입이 작아서 언제나 다른 입이 궁금함, 저작근이 파열될 때까지 한껏 입을 벌리는 종족은 외로운 그림자를 이끌고 홀로 살며 공복을 두려워함, 위턱과 아래턱 사이의 둔각을 만드는 생물학은 낯설지만 어두운 근대에 서식하는 파충류의 기이한 몽타주만큼은 짐작해, 아귀를 위하여 입과 입이 외로운 관절 기계처럼 간헐적 소리를 낸다는 건 입의 증식이랄 수밖에, 뭐든 한입에 삼켜야 하는 구렁이의 한 끼처럼, 삼켜서는 안 되는 것을 삼켰기에 평생 입을 다물지 못한다는 혐오처럼, 살아 펄떡거리는 것이 목구멍에 걸린 바로 그 순간, 후회로 자기 입을 기워서 잎과 목이 딱딱해졌다는 나무의 산 옹이 죽은 옹이 옹이구멍 썩은 옹이와 다르지 않을 나의 입과 입술 근처

백일홍이 싸우듯이

 죽은 고양이의 눈을 지나쳐서 썩은 나무를 뽑다가 뿌리에 엉켜 붙은 벌레를 만졌다 솜깍지벌레라는데 꼬물거리는 것들의 맹렬한 잡식성이 으스스하다 무수한 잔뿌리 탓에 벌레와 엉키는 뿌리는 벌레처럼 꿈틀거린다 무슨 냄새인지 솜털인지 구별이 안 되는 벌레와 다투는 것이 벌레 말고 또 무엇이 있을까 벌레와 벌레, 손가락과 발가락에 번지는 류머티즘 때문에 서로 삼키고픈 다족류가 많아진다 벌레의 반대말은 뿌리거나 다시 벌레, 나무는 목백일홍, 백 일은 꽃으로 살아간다는 명칭, 그게 무엇이라고 생각하는 뿌리는 자신을 벌레라고 고백하였다

빗살무늬

 어떤 무늬가 너의 몸에 기워진 건 알고 있니, 물고기 뼈처럼 생긴 무늬는 희고 촘촘하면서 지워지지 않을 게 분명해, 거치무늬, 격자무늬, 결뉴무늬, 궐수무늬, 귀면무늬, 기봉무늬, 길상무늬, 능삼무늬, 무늬의 이름을 말해보다가 마지막에 만난 빗살무늬, 무늬를 처음 그려본 사람은 어떤 슬픔에 누웠을까, 눈물이 흘러 앞섶을 적신다면 이런 무늬는 오래 기억할 수 있어, 그게 가엾지만 나쁘지만은 않아, 주검을 포함해서 희로애락을 덮을 수 있는 호의는 지상에 가득 널렸어

섬망

 퇴원하던 날*의 밤, 인기척이 나를 깨웠다 어둠과 함께 온 너는 흉흉하고 쭈글쭈글한 회색 안에서 이목구비를 억지로 만들고 있다 텅 비어버린 육신마다 내 병의 후유증을 구겨 넣고 네가 온 걸까 너의 시선은 나를 자꾸 위축시키는데, 나는 어디로 가야 하나 수다스러운 날들을 되돌아보니 그곳이 여기보다 더 신산하리라는 헛됨으로 우물쭈물하는 동안 아내가 불을 켜고 너는 없다 얼굴만 모였던 아버지와 할아버지와 고모도 사라졌다 세상에 없는 이들이다 작은 빛 같은 분말들, 천지간에 분분한 장면이 덧칠하듯 겹치는데 밤은 아슬하기도 했다

* 2013년, 수술 후유증에 한참 시달렸다.

데스마스크

자신의 데스마스크를 보는 건 좋은 일일까*

나의 데스마스크는 눈썹 씨름 근처 죽음의 물결이 딱딱해진 것, 또한 물결 위에서 찰랑거리기도 한다 그 둘이 만나는 것은 일생에 한 번, 어떤 눈매는 젖었고 어떤 눈매는 그늘이다 얼굴에 바른 기름이 성급했던지 몇 올의 털이 석고에서 자란 수염처럼 듬성듬성하다** 잠과 죽음은 경성의 야경에 기대고 있다 폭설 주의보를 지나쳐 온 광대뼈 근처는 울퉁불퉁하다 그전에 골절이 생겼는지, 이정표는 비뚜름하다 왼쪽 귀는 이미 상해서 데스마스크는 편측으로 기우뚱거린다 잠과 죽음은 서로 포개지기도 하는 걸까

데스마스크는 수정과 변신을 거쳐 표지를 가지게 된다 눈이며 귀나 입은 슬쩍 건드리고 이마는 좁게 하되 인중을 늘려 단순히 내가 아닌, 과거가 물씬 드러난 몽타주가 되겠다 누군가 얼굴의 수심에서 자신과 닮은 부분을 찾아 가리라는 짐작이다 데스마스크가 말동무처럼 익숙한 것은 의외의 결과이다

* 이상은 1930년에 자신의 얼굴을 본떠서 생전에 데스마스크를 만들었다. 1931년 조선미술전람회 입선작 「自傷」은 자신의 데스마스크를 그린 그림이다. 그리고 「자상」이란 시도 썼다. "여기는어느나라의데스마스크다.데스마스크는도적맞았다는소문도있다.풀이극북에서파과하지않던이수염은절망을알아차리고생식하지않는다.천고로창천이허방빠져있는함정에유언이석비처럼은근히침몰되어있다.그러면이곁을생소한손짓발짓의신호가지나가면서무사히스스로워한다.점잖던내용이이래저래구기기시작이다"(『이상 시 전집』, 민음사, 2022).
** 김연수의 『꾿빠이, 이상』(문학동네, 2001)에서 차용.

결핵 문학 2
── 이상과 김소운

　김소운은 이상의 사인을 결핵성뇌매독*이라고 단정했지만 존재하지 않는 병명이기에 매독이라는 의성어만 범람했다 거꾸로 박힌 밤과 낮 사이**에서 꽃나무 토분을 돋을볕에 올리던 이상이다 이상의 동경 체류까지 보살폈던 김소운이 뇌매독 운운했을 때 금홍의 과거사는 이상의 맨 앞자리로 이동했다 차라리 힘들었던 1937년의 현해탄은 검푸른 물결뿐이었을까 꽃과 나무의 이름을 뒤섞었던 김소운은 끊임없이 문학가***였지만, 희대의 재능과 교류한 청년 김소운에게 이상은 기이하고 야릇한 감정이었다 깎은 지 4, 5일 지난 양쪽 뺨 수염이 석고에 묻어서 여남은 개나 뽑혀 나온**** 이상의 데스마스크는 치사한 동경제국대학병원 물료과 병실에서 탄생하였다 폭소를 터뜨리던 이상, 각혈하던 이상, 찡그린 이상의 결핵은 혈관(血管)으로 임리(淋漓)한 묵흔(墨痕)이 몰려들어왔나 보다*****라는 피돌기처럼 벌겋게 단 쇳물이면서 정수리의 찬물인 것을 문학가들은 예의 깨달았다

* 김소운(1907~1981)은 자전적 에세이 「李箱異常」에서 "사망진단서에 적힌 死因은 폐결핵이 아니고 '結核性腦梅毒'이었다"(『하늘 끝에 살아도』, 동화출판공사, 1968, p. 300)라고 기록했다. 하지만 이후의 연구(김면수는 「결핵의 수사와 임상적 상상력: 이상 시 소고」에서 이상의 사인에 얽힌 여러 논지를 추적한다)에서 이상의 병명은 결핵이라는 의견이 지배적이다. 게다가 결핵성뇌매독은 존재하지 않는 질병의 이름이다.

** 김소운이 쓴 이상을 향한 애도시 「沈痛儀仗: 이상에게 주는 시」(『이상시전작집』, 갑인출판사, 1978) 마지막 연 "오, 거꾸로 박힌 밤과 낮/희열과 침통의 순환소수,/네 하나는 빛을 등지고 서서/관 속에 놓인 네 청춘에 저주의 쇠못을 꽂으라"에서 인용. 이상에 관한 김소운의 "냉정하고 비판적인 시선"은 「李箱異常」에도 남겨져 있다.

*** 박현수는 "김소운은 한 마디로 규정하기 어려운 존재이다"(「이상과 김소운 1: 발굴작과 관련하여」, 이상문학회, 2001)라고 했다.

**** 김소운의 「李箱異常」(『하늘 끝에 살아도』, 동화출판공사, 1968)에서 인용. 김소운은 이상의 데스마스크는 화가 길진섭이 떴다고 증언한다. 하지만 화가 조우식의 작업이라는 증언도 여러 곳에서 등장한다.

***** 이상의 시 〈危篤〉 연작 중 「內部」, "血管으로淋漓한墨痕이몰려들어왓나보다"(『조선일보』 1936년 10월 9일 자)에서 인용.

지구의 중력

 나의 시 쓰기*를 견뎌준 지구의 중력, 다족류의 시가 더듬는 점자 책은 침묵을 듣는 귀를 가졌다 물소리까지 포함해서 이 영토 안에서 죽은 나무와 살아 있는 나무의 비율은 절반씩이다

 빗소리를 지운 비와 그림자 없는 드라이플라워를 두 손바닥 위에 모아본다 너무 많은 유리창을 가진 저녁은 쉽게 불을 켜지 못한다

 전체가 외눈인 어스름을 지켜보다가 다시 입이 생기는 밤까지의 강우량, 휘파람이거나 소용돌이, 갖가지 지문의 뉘앙스, 고양이의 심실 비대가 수록된 사전을 뒤적여야 알 수 있는 이야기 속에서 움직이고 흩어지는 선과 면을 나는 시의 처음이라고 부르지만 육신의 깊이에서 절단의 기억이 생생해지는 것이 시의 여정이라고 생각해왔다, 살과 뼈가 자랐던 부분이 비록 먼 곳일지라도

* 2천 5백여 편의 시를 썼다. 절반 이상을 버리면서 발표했고, 다시 절반을 버린 뒤 시집을 묶어왔다.

2부
시에서 생활을 익혔기에

만월

  여기까지 물고기가 뛰어올랐다 얼룩덜룩한 물방울과 조금씩 열고 닫히는 아가미와 근처 실핏줄까지 모두 또렷했다

습이거나 스페인

 갈대를 가득 채운 티브이 화면이 나를 자꾸 삼키고 있기에 낯선 사람들 앞에서 내 이름은 습(習)일 뿐입니다 습지의 자욱한 일기예보에서 복습된 흑백의 습, 외자입니다 습이라는 고대 동이족도 있었더랬습니다 습설이라는 눈을 좋아합니다 한숨짓는 입술을 사용하기에 홍조의 이름이라면서 옆자리에서 부추깁니다 습지 인근의 야산들은 종일 부력이 생기는지 몇십 년이 지나도 내 어깨 어림의 동무입니다 우기라는 습의 평범함이 좋다는 2남 3녀의 왁자하고 단순한 산들, 지명은 서툴고 능선은 부지런합니다만 무엇이든 용서했던 물렁한 구릉은 또 신체 변화를 겪으니까 늑골 아래 두름길이 생겼습니다 그때의 산협들은 아스라한 불빛을 내세워 배웅하는 버릇이 있었더랬습니다 습이란 건 나의 체온이기도 하지만 마치 유리로 지어져서 내부가 훤히 보이는 건축물*의 주소이기도 합니다 또한 목발뼈 발배뼈 입방뼈 쐐기뼈라는 순롓길을 짚으면서 스페인을 다녀온 뒤 한동안 비에 젖거나 비를 찾아다닌 꿈이 나를 간섭했습니다 아침마다 복용하는 약병의 라벨을 뜯어내니까 다른 라벨이 숨어 있습니다 문득 내 이름이 지명이거나 당신으로부터 비롯되었다는 짐작을 합니다 빈손으로 덥석 칼날을 잡는 무모한 마음에도 예전에 읽었던 책이 어른거립니다 이름을 가진다는 것은 세상의 미묘한 동작들과 동행하는 겁니다

* 건축가 소우 후지모토가 설계한 도쿄의 3층 건축물로, 전면을 유리로 제작해 내부의 생활 동선이 고스란히 보인다.

리스본 가이드

리스본 서점에서 동사 굴절이 심한 포르투게스 시집을 뒤적인다, 별의 높이가 숨겨진 황갈색 지붕은 또 어떻고, 골목마다 외등의 커브를 쳐다보지만, 빨래가 마르면서 공기가 깨끗해지는 리스본은 어떤 소설의 밑줄 친 부분, 지구의 공전 때문에 내 생각과 리스본은 겹치기도 한다, 곳곳에 숨겨놓은 시인의 말*에 의하면 리스본에서도 영혼의 숫자는 점점 야위어간다, 그때 경사진 언덕에서 빗방울을 담는 자카란다나무는 유화의 덧칠이면서, 붉은 혓바닥은 타구스강 바닥에 가라앉은 고유명사를 천천히 들먹이는데 흰 배, 첨탑, 유리잔, 야간열차, 더러운 스테인드글라스, *El invierno en Lisboa*, 지친 자의 발걸음이 희미하게나마 찍히는 도시, 항상 나보다 먼저 와서 기다리는 페소아의 시집들, 내성적인 낮달이 동행하지만 도착은 서로 어긋나는 곳, 창백한 일몰을 믿어온 안료 공장 근처 여정을 이해하는 2층 숙소는 다정다감했다

* 페르난두 페소아, 『페소아의 리스본』, 박소현 옮김, 안그라픽스, 2017.

노란색을 믿어보는 생활
── 마당에 핀 개나리를 중심으로

　노란색은 단순해지려는 발자국, 이건 부탁이 아니야, 노란색이 선명해서 개나리 따위는 금방 잊어버린다 꽃을 삼킨 별자리부터 믿는다 나는 어디까지 노란색일까 얼룩덜룩한 수화를 하는 노란색, 다하지 못한 말, 진화론을 일깨우는 노란색, 꽃샘추위는 노란색이라는 믿음을 시작한다 개나리 주위를 배회하는 엷은 유령조차 노란색이다 그리하여 자꾸 달라지는 노란색의 되새김으로 윤회조차 믿게 된다 멀리서 켜지는 불빛 같은 노란색은 하고 싶은 일과 잘하는 일 사이에 있다 오줌 줄기는 노란색, 노란색 가루는 몸에 묻진 않지만 우울과 우연으로 노란색은 나에게 닿는 수혈, 봄을 믿으니까 노란색이 내 안에 고여야 하는 울음인 것도 알겠다 그건 표정이어야 할까 노란색과 나 사이에 팽팽해진 실 끝을 당겼더니 낮달의 무게가 도착했다

망자들 사이 내 이름이 있다

　상가에서 빈소를 찾는데,
　내 이름이 복도 끝에서 걸어왔다 이곳에서 부고를 필사하는 중이란다 벌써 수의를 갖추고 입관을 시작한다는 이름, 이슥도록 생사를 반복한다는 청동거울의 내행화문을 문지른 향냄새가 몸에 배었다 날이 개고 청명한 달을 본다는 사주였지만 결국 망자라는 운이었구나 육도 축생을 믿었던 근조등처럼 이제까지 가져온 이름과 가져올 이름 사이에서 불빛을 움켜쥔다 다시 만나자는 만가가 실내 방송에서 흘러나왔다 장례식장은 비의 기운에 휩싸여 지하 2층인데도 우산이 붐볐다 곡소리는 한로 상강을 따르는 거지, 이서국과 사로국에서 보낸 화환을 눈여겨보다 방명록에 서명하고 조문을 마쳤으니 나를 위해서 작은 울음도 챙겨 가기로 했다 아, 망자의 수의에는 주머니가 없다는데 국화의 자잘한 근심은 어디에 매달아야 하나

날아다니는 파리

내 눈동자에 파리*가 떠다닌다, 발생한다
믿을 수 없다 기약이 없다
훌쩍 날아가버리는 파리는 파리를 남긴다
파리는 파리를 들끓게 한다
기억의 훨씬 뒤쪽 망막에 잔상처럼 부풀었으니
한 번도 의식하지 못했던 파리의 확대다
여기 파리가 고물거린다면
몸 어딘가 악화되는 중
사라진다, 어두워진다
일곱 구멍에서 피가 솟는다 했으니
입도 귀도 코도 의심스럽다
지울 수 없는 얼룩들
곤충의 다리로 짐작되는 부유물은
날개 소리를 잉잉거린다
어쩌면 내가 비흡혈성의 쌍시목이기를
깡아리, 폴, 포랭이, 파랭이 이상은 아니기를

* 비문증은 원래 날아다니는 파리가 아니라 날아다니는 모기의 형상이 보이는 안과 질환이다.

물 한 잔

　탁자 위의 물 한 잔, 생각 같은 먹물 한 방울이 컵에 떨어진다 먹물은 머뭇거리다 고양이눈성운의 비밀처럼 슬며시 물에 스민다 원래 물이었던 것처럼, 물 수(水)의 내장이 섬세하게 보이도록 물의 핏줄은 가지런하다 흐트러진 물의 모서리마다 반드시 검은색이 있다 물이 물에게 보내는 기척이기에 다시 먹물 한 방울이 물 위에 톡, 떨어진다 단순한 브라운운동이지만 몇 방울의 먹물이 유리컵의 선을 톡, 건드린다 물에게도 부지런한 지층이 있다는 짐작 너머 시선이 저절로 갔다 햇빛이 통과하는 맑은 물 한 잔

미술과 티브이 사이

　백 대의 티브이가 있습니다
　그중 하나가 깜빡거립니다
　가끔 전원이 들어와서 찌지직거리지만 그건 벌겋게 달구어진 쇳덩어리에 찬물을 들이부을 때의 소리입니다
　뒤판을 뜯어내고 어두운 부분도 차례차례 점검했습니다
　아흔아홉 대의 티브이가 고장 난 티브이를 근심하기 시작했습니다
　처음으로 티브이가 티브이를 중계하게 되었습니다
　뼈와 살이 밀착했던 틈 사이에 다시 이상한 넓이를 가졌던
　기묘한 티브이였기에
　티브이에서 티브이를 더하거나 빼는 멜랑콜리가 실현되었습니다
　자신을 보살피던 아흔아홉 개의 눈 속에 티브이를 연결했습니다
　아이섀도를 칠한 것은 아니지만 눈동자가 생긴 날짜이기도 합니다
　보이는 것은 모두 생(生)이 되기에 티브이의 입과 귀도 마스크와 안경을 주문했습니다

물컹한 티브이가 되기 위해서 아직도 바꾸어야 할 부속이 많습니다만
또한 티브이는 원근법을 따르지 않기에 그늘이 없습니다만
오늘의 티브이는
볼륨 다이얼을 교환하면서
달은 슬퍼졌다는
말라르메 시집의 낭송을 예고했습니다

이중국적

서 있던 길이 또 낯설다
정처 없이 여기까지 왔다
하릴없이 수염을 만지고 시차의 그늘만 찾았다
국경선이 불쑥 내민 악수하려는 손을 잡았을 때
뼈까지 만져졌다
낯선 위도 탓이겠지
내내 위염에 시달리면서
방언은 귓속에서만 맴돌고
국적이 희미해질까 두려워
패스포트 여백마다 낮달의 모양을 그리면서도
지명을 소리 나는 대로 베꼈다
이제 흰 머리칼 그대로 지내려 해
내 목소리들이 구부러지더니
나 대신 잠 속에 들어가기도 했어
나를 비추는 꿈에서도 눈을 부릅뜨고 있었어
먼지와 물결 사이 불빛을 보았다면
여기서도 길의 소리를 들을 수 있겠지
죽은 새들부터 날아다니는 새들까지 보았기에
직선이 생각났다

밤과 새벽으로 돌아가기에는
너무 멀어진 국적이다

한국문학

　왕후박나무를 톺아보던 평론가의 묘역에 매년 여자가 다녀간다는 소문이 떠돌았다 흰 블라우스에 붉은 머플러 차림이라는데, 흰색과 붉은색은 같은 종이라는 고인의 불역지론이 새삼스럽다 연전의 회색 블라우스 앞에서는 무채색이 탐구되었다 여자의 미간이 필히 팔자춘산이라는 풍문은 또 무어냐 복사꽃을 반사하는 분홍의 모습사리가 궁금한 거지 누군가 여자를 수소문하거나 어느 해인가 여자를 기다리던 일행도 있었다지만 무덤은 씻은 듯 부신 듯 고요했다 여자는 한국문학의 상상이거나 나무였을까 마냥 근심이었을까 고인은 여전히 불화의 문장을 죄다 외우느라 쉼표를 사용하지 않았지만, 우리 모두 늙어가는데 여자는 시처럼 해마다 아름다웠다

낫*에 대한 궁리

 가택신 성조대감**이 윤달마다 궁리하다 생산했으니 풀을 밀어서 깎는 밀낫, 나무껍질을 벗기는 깎낫, 자루가 긴 걸낫, 날을 반대로 세운 왼낫, 날이 짧은 버들낫, 갈대 따위를 휘둘러서 베는 벌낫, 날 끝이 오그라든 접낫, 대장간에서 육철을 쳐서 잘 두들긴 우멍낫 중
 옻이 잔뜩 오른 자루에 깊이 박히는 슴베의 거친 콧소리를 놀구멍에 맞춤하듯 천천히 넣어 쇠못인 낫놀로 아귀 짓고 동그란 낫갱기가 쇠붙이를 얼싸안듯 달랠 무렵 잠깐 숨 고르며 휘어지는 덜미의 낫공치***가 반달형으로 전력 질주 하는 날의 입매 덕분에 두텁고 싱싱한 날로 베고 찍는 데 능하여 일찍 초식동물의 아래턱뼈로 시작한 낫들 속에서 능히 하루 한 마지기 이상의 벼를 벨 수 있어 우멍낫 또는 조선낫이기도 하니, 예리하지만 살기도 없고 흉해 보이지도 않아서, 심심파적 낫치기 후에는 내둥내 면잡이한 숫돌로 시퍼렇게 벼린 뒤 설렘과 함께 시렁에 쟁여놓고 세시풍속을 일일이 따라가더라

* 단원 김홍도의 풍속도 『단원 풍속도첩』에서 보듯 조선낫은 무겁고 자

루가 길고 진중하다. 조선낫은 나무를 찍고 곡식도 베는 다기능인데 비해, 일제강점기 때 일본에서 들여온 왜낫 또는 평낫은 자루가 짧고 날이 얇고 가벼워 곡식을 베기에 편리해서 많이 사용되었다.
** 이능화의 논문 「조선무속고」(『계명』 제19호, 1927)에 따르면 "蓋有成造家舍之意(성조가 가사를 조성한다)"했으니 성조, 즉 집을 짓는 가택신을 성조대감, 성주대감 또는 성주신이라 했다.
*** 슴베, 놀구멍, 낫놀, 낫갱기, 덜미, 낫공치는 낫의 부분별 명칭이다.

풀쐐기에 쏘였을 때의 민간요법

 마당에 잠시 서 있는데 벌써 가렵다 풀쐐기와 풀쐐기 너머의 자극이다 풀의 섬모운동은 적의와 풀잎을 닮아 뾰족하고 파릇하겠지 석유, 식초, 침, 된장, 오줌 등을 바르기도 한다는데 민간요법까지 떠오르다니 두드러기가 습관이 되는가 보다 모든 좋은 일은 과거니까 풀잎들은 뒷모습이 없다지만 지금 초록색에 풍덩 몰입한다 이 마당 구석에도 작고 어두운 유폐의 별들이 웅크리고 있다는 것, 풀숲을 유린하는 방상시에게 풀잎이라는 기척을 알리면서 속삭인다는 것, 그게 풀의 입김이라고 생각하고 가려운 부분을 풀잎에게 보여주었다 나 때문에 가렵다는 풀의 발자국이 보였다

3월, 자작나무, 소년

 자작나무 숲에 머물렀더니 소년이 걸어 나왔다 앞이면서 뒷모습이기에 나무를 심었던 소년이다 눈매는 사춘기, 오래된 별의 숫자를 가졌다

 3월의 폭설을 마주치는 나무와 소년에게 익숙해지면 희디흰 이마가 자신과의 접촉면을 넓히려는 눈보라의 도착지임을 알게 된다 매일 지상의 첫걸음으로 되돌아가려는 나무와 소년은 서로의 체온을 익히고 있다 팔이나 다리 없이 번식하는 가계도다

 영하의 입김을 뿜어내는 역광의 물결이 출렁거린다 강 없이 강물 소리가 지나간다 새하얀 화피를 벗겨낸 허기 때문에, 걷기 힘들다는 루게릭병을 견디는 소년이다 소년은 찬물을 흠뻑 머금었다

 또 어딘가에 닿으려는 물소리의 밑변, 소년과 그림자가 광활한 나무들 속에 손발을 집어넣었기에 부력이 센 흰 뼈의 무리로 숲은 더 넓어졌다 나무마다 수고를 새기고 소년은 사라졌다

소년이 되고픈 자작나무와 자작나무라는 소년이 마주 앉았다
 그곳에서 부른 노래 갈피에 산골*의 목청을 빌렸다

* 백석의 시 「白樺」 중 "山넘어는 平安道땅도 뵈인다는 이山골은 온통 자작나무다"(고형진, 『정본 백석 시집』, 문학동네, 2007)에서 차용.

산 중턱이 기슭이 되는 이유

예안*에 와서 알았다
산기슭 목넘이가 다정해지는 것을
한때 가파른 산 중턱이었던 능선이
물이 차면서
연안이 되어
어느새 손발톱이 길게 자랐다
물에 잠긴 부분에서 돋아난 아가미는 수줍은 분홍
초식의 되새김질 같은 가을색을 일일이 짚어가는
흰 손가락을 챙겼다, 모두 갸름하더라
사람들과의 수화 덕분이었을까
40년간** 순해진 산기슭의 모계 부락을 보았다
잘 살겠다는 다짐이 서로에게 오갔다
물아래 수몰 마을을 싣고 가는 상여 그림자에 맞추어
천천히 예안을 빠져나왔다
늙은 가객의 목청은 고스란히 남아
담수량을 유지하는 10월이다

* 경상북도 안동시 예안면.
** 1976년에 준공된 안동댐을 40년이 지난 2016년 즈음에 방문하였다.

윤슬

 망치뼈 모루뼈 등자뼈 근처가 무작정 복잡한 수로라고 믿었다면

 검고 짜고 맑고 움직이고 완전히 자유로운* 물의 동사가 또 물결을 포옹하면서 아가미와 지느러미 일습을 챙겼다 한 번이자 스무 번인 말간 물은 쑤쑤하고 쓰쓰하고 쵀쵀하면서 앞장선다 물비늘이 얼굴마다 비표를 씌울 때 서늘하고 허망한 포말이 눈꺼풀에서 눈동자까지 한달음에 꿰맨다

 물의 소용돌이 근처를 입과 귀처럼 맴돌았다
 물방울이 나 대신 생각할 때까지

 출구가 없는 물결의 짐작 위로 내 생각이 되비치면서 수심마다 제각각 얼굴이 비치는 것은 또 어떠랴 물빛의 농담(濃淡)은 닳고 닳아서 여러 물개인 것을

---

* 엘리자베스 비숍의 시 「At The Fishhouses」의 구절 "검고 짜고 맑고 움직이고 완전히 자유로운"(캐서린 반 스팬커렌, 「7장: 1945년 미국 시」, 『미국의 문학』, 네이버 지식백과)에서 인용.

입춘 지나 얼음 녹으면서 개울물은 강아지가 냅다 달리듯 요란하다

 너는 달린다 뒷배가 있다는 듯 귀를 팔랑거리며 심란하구나 삼동 내내 식구였지만 얼음이 녹자마자 너는 냉큼 희디흰 잇몸으로 잔즐거린다 뒤돌아보지 않는 너의 뜀박질은 물방울이 흥건하지 계곡 안에 노루귀가 듬성듬성 피는데, 갑자기 수다쟁이처럼, 서푼어치 따뜻해진 공기를 큼큼 들이켜며 쏜살같구나 흰 꼬리 살랑거리면서 강아지를 따라가기도 하고 허연 물살 거품 지면서 안팎으로 물의 맵시도 뽐내면서 혓바닥 아래 엉큼한 것이 많아 그저께가 입춘이었는지도 모르겠지 흥, 우수와 경칩을 향하는 명랑 소년에게 이른 봄기운은 따로 말하지 않아도 되겠구나 어디메로 가자는 그곳에서 3월의 잔설이 무슨 마중일지 궁금하구나

겨울 강

 얼어붙은 강의 바닥과 얼음 사이 들뜬 틈이 한 뼘인데, 자꾸 시퍼레지고 길어진다 물의 모든 뿌리가 친친 동여매졌다 흐느낌은 흐느낌대로 따로 어는 것이 아니니까, 물의 새파란 뺨도 같이 얼었다 물의 이목구비가 아니라 그냥 물인 채 얼었다 두통인 듯 찡그린 이마까지 얼었다 걱정했던 골다공증마저 그대로 얼었다 풋잠에서 숙면까지, 얼음의 경도 또한 그러했다 밤 1시는 꽝꽝 얼었고 새벽 4시는 급하게 얼었다 작은 물소리는 무조건 얼고 흥노를 거쳐온 깊은 물소리는 천천히 얼었다 물소리에도 살얼음이 잡히지만, 물의 정강이뼈까지 허옇게 야위도록 폭설이 입심거리를 덮고 겨울 강을 덮었다

쓴맛 단맛

쓴맛이 혀에 올라갔기에
기어이 달콤함을 맛보려고
한숨짓는 버릇이 있고,
단풍을 지나쳤던 사람은
맹세의 언어를 철필로 새긴다고
끝이 부서지면 정으로 쫀다고
되뇌지 않는가,
어김없이 계절과
한 뼘쯤 사이를 두고
동행한다는 붉은색 중에
마지막까지 남는다는
단풍의 시절

걸어놓은 고기
―섬

 바람이 삐걱거리는 조브장한 창고에 참다랑어가 천장의 갈고리에 걸려 있고 맥주 몇 박스가 놓여 있다 섬사람은 여기서 술을 마신다 육질의 붉은색이 자주 문을 여닫는다 어젯밤 폭우 속을 다녀간 발자국에는 검은 새의 날갯죽지에서 우수수 떨어진 깃털이 있다 섬을 통째로 뜯어 가려는 바람 때문에 바다는 모서리부터 색조가 달라지기 시작했다 여기를 떠나지 못하는 사람이 있다면 이곳에 와야만 하는 생(生)도 있다 참다랑어에게 자신과 비슷한 해감내가 있다고 찡그리는 사람도 있지만 아랫도리가 뭉청 뜯겨나간 참다랑어가 바람에 씻기다가 지느러미를 꿈틀거려도 이해할 수 있는 몽롱한 안개, 몇 사람이 모이면 인근 해역에는 물고기 떼가 우우 쏠린다 날씨가 더 사나워지면서 태풍의눈이 보이고 섬사람 모두 여기서 아가미 소리를 듣는다 물결을 따라 생긴 높낮이마다 때로 얼굴이고 때로 번쩍이는 비늘이고 때로 어떤 눈매이면서 어떤 것은 깊이 파였는데 바람이 지나가면 제각기 다른 소리를 합치기 시작한다 해안선과 나무가 없는 섬의 윤곽을 검은 능선으로 바꾸는 수천 마리 풀마갈매기가 일제히 날아오른다는 결말이기에, 섬은 파도가 겹쳐지는 포말의 흰 날개

를 자꾸만 절벽에 매달려고 한다

  덧칠한 물결 위를 섬이 걸어가는 18세기 네덜란드 유화 한 점을 가지게 되었다

유령

그와 찻집에서 차를 마시고
다식도 먹으면서,
제임스 웹 우주 망원경의 설레는 거울 이야기
그는 젊은 시절부터 섬이거나 바다이거나 했다
해안처럼
그는 옛날이다
자신이 사용했던 행성을 고백하고
언제부터 혼자라는
음영을 또렷하게 만들었다

침묵을 이해한다면
그는 나처럼 보이기도 하고
나는 그와 조금 비슷하다

그가 먼저 떠나고
테이블을 정리하던 종업원이 물었다
그분이 아무것도 드시지 않았는데
맛이 별로라 그러셨나요?

함께 다과를 먹었는데
그의 몫은 그대로 남았다
남긴 하나를 씹어보니
단맛이 죄다 빠져나가고 푸석푸석하기만 했다
그가 마셨던 찻잔의 향은 사라졌지만
허브의 높이는 그대로 찰랑거린다

그가 남긴 명함에는
낯설지만
이물감이 없는 이름,
어느 시절
그는 나의 속도가 아니었을까

다시 만난다면
우연을
그의 손바닥에 쥐여 줄 수 있지 않을까

중국요리, 고오금

이걸 먹어야 하나

고오금(烤五禽)은 가금을 통짜로 구운 요리이다 거위 뱃속에 어린 오리를 채우고, 오리 뱃속에는 암탉, 암탉 뱃속에는 비둘기, 비둘기 뱃속에는 메추리까지 채우고 육즙과 기름을 간장과 함께 천천히 바르면서 구운 요리이기 전에

주저하는 나의 식욕에 고오금을 부득부득 재촉하는 중국 사내의 비만에는 무엇이 가득할까

억지로 한 입 베어 삼켜보았다 거위부터 메추리까지 구별 없이 씹혔다기보다는

고오금을 즐긴 사람이 누구냐고 물어보았더니, 사내는 두 손으로 마른세수를 하면서 딴청이다

고오금은 이렇게 탄생했을 거야 지하 감옥에서 죄수의 몽상으로 만들어진 요리, 갇힌 자의 포만감을 위한 음식이라는 짐작을 더듬어보니 나도 한때 무언가에 갇혀 있었고 냄새만을 삼키기도 했다

내 속을 헤아려보니, 때로 허망한 살과 뼈, 때로 요망한 혼백, 때로 감정에 휘둘리던 불안 그리고 늙은이와 어린아이가 있었다 그것들은 삶아지거나 익혀지지 않는다

//
3부
노래의 생각들

스타더스트*

스스로 빛나는 별을 바라보는
사람의 생각

별빛이 중얼거리기 전에
별빛이 닿기 전에
몸을 바꾸는 밤낮이기 전에

그림자가 생긴 거리의
모서리를 연결하면 별의 지도

스타더스트는 휘어지는 해안
창백한 입술로
위로처럼 달려드는 파도이기에
느려지는 시침들

스타더스트는 블루

바다를 건너는 사람이
별자리를 나비 문신으로 남기는 노래

스타더스트는 맥박

유성이

내 손금에 핏줄을 새기고 지나갔네

나라는 먼지를 기억하면서

* 1927년 Hoagy Carmichael이 작곡하고 Mitchell Parish가 작사한 미국의 스탠더드 팝 명곡.

굿바이 용문객잔*
―사막을 저지르다

많은
사막을 생각했다
며칠이 필요했다
사막은 어떻게 들키는 걸까
사막의 왼쪽 지형은
오후 1시라는
직립

지평선과
만년설을 거쳐
모래가 몰려드는 물결
죄의식도 없고 새도 없지만
누군가 여기 조금 살았다네

바람의 손가락이 모래를 움켜잡으면서
하루는 흘러내리지만
스쳐가는 현재가 영원한 현재**

사막을 떠나가는 사막

사막으로 돌아오는 사막은
같은 신기루에서 탄생한다네

* 대만의 영화감독 차이밍량의 2003년 작품. 호금전 감독의 「용문객잔」 (1967)을 재상영하는 복화극장의 이야기를 다루었다.
** 켄 윌버의 심리서 『무경계』(김철수 옮김, 정신세계사, 2012, p. 126)에서 인용.

거의 모두*

넌…… 떠나지 말았어야 했어
미열과…… 꽃나무 사이
로드킬까지…… 어둡고 무겁지만
……지워지지 않는 길의 핏자국은
어금니를 거쳐가고 있기에
목이 길어지는…… 국도는
……이정표를 점점 잃어버린 거지
네가 힘껏 닿으려는 곳은…… 백열등의 명멸로
거의 모두…… 지평선 너머라네
거의 모두…… 입이 없는 곳
여기서는…… 너를 바라보면서
너를 사랑할 수 있지만
……구름의 높이까지
네가…… 가려는 곳은
쌓인 눈이 떠받치며……
사라지지 않는 발자국까지……
헐벗은 인생을 기다린다는 곳

* 쳇 베이커의 곡 「Almost Blue」(1968)에서 차용.

꽃잎마다 너라는 잔상

꽃잎마다
심연에 도착했던 부분이 있다네
꽃잎마다
지상으로 심연을 이끌고 온 색깔이 있다네

나의 어떤 부분은 고요

달에 닿기 위하여

달에 닿으려는
수많은 발걸음

밀물과 함께
달빛은 어디에나 스며들지만

달빛과 함께 알아가는
달의 표면

달까지의 계단이기에
달빛이 일렁이지

왠지 모를 슬픔의 입구처럼

날이 저물고
직렬로 켜지는 가로등은
달과 연결되는
잔별의 모습

지상의 모든 악기는
달에 남겨졌던 슬픔

어제와 비에 대한 인터뷰

밤의 감촉인
어둠을 만져보았어
내게 먼 해안이 생겼어

도톨도톨한 흑백 건반은
저녁부터 비를 되풀이하고 있어

희고 검은 손가락이
가늘어지면서 건드리는
빗방울은 블루
비와 물방울을 이해한다면
나는 투명해지는 거지

창문으로만 보이는 겨울비 때문에
뒤척이는 눈물 대신
나의 해안은 자꾸 길어진다네

이상한 하루였어
물이 나면서

내가 물,
무엇이든 서로가 되는 날이었어
서로를 포옹하는 날이었어

푸른 별*

내가 돌아가야 하는
푸른 별은
누군가의 눈물 한 방울
그림자와 그림자가 겹치는 곳
위태롭고 지루하지만
중력을 이해하는 꽃잎이
허공에서 흔들거리는 곳
투명한
장미와 네온사인
눈시울 붉히는 별을 다독이려
돌아가려 한다네
흰색에서 출발한 푸른 별의 삽화
일출의 지도를 기억한다네
태양은 우체통을
설치하고 있어
일몰까지의 거리를 호주머니에 넣었거나
어떤 별로 되돌아가라는
우울의 간격,
나는 떠나야 하네

* 우주 탐사선 보이저 1호가 해왕성 궤도에서 찍은 지구의 모습을 두고 '창백한 푸른 점'이라 부른다.

바다의 힘

재빨랐어
바다와 공중의 날치들
앙상하고 매끈한
가슴지느러미는
물결이거나 빛을 한껏 품고 간다네
저보다 더 많은 힘과
저보다 더 성급한 마찰음이
물을 튕기면서
허공의 힘줄을 움켜잡으면서
만 개의 푸른 뼈를 뱉어내면서
날치 떼의 방언은 씨줄과 날줄처럼
모든 것을 생략하고도 엉키지 않는다네
공중으로 날아올랐다가
다시 수면에 닿으면서
등뼈부터 먼저
물의 건축에 도착하는
소란과 고요의 일시 정지
날치가 산란할 때
흰긴수염고래 무리의 항해도 시작되었어

자전

우리 모두 일찍 늙어서
재빨리
지구의 자전에 가까워지는 거죠

언제나 근심인 초록은
틈틈이 잎새나 풀잎

수화를 하는 바람과
자꾸만 낯선 어제

새들이 날아다니면
물고기의 눈은 죄다 옹이로 바뀔 거예요

찌지직거리는 단파 라디오에 의하면
주위가 목판화 빗금처럼 잠시 멈출 때
우리의 혈통과
세상의 농담은 다시 낡아가는 중

흰색

도로를 덮은 폭설 속
눈에 묻힌 의자
온전히 흰색이 되었어
되돌아가지 않겠다는
눈먼 심해어의
두근거리는 마음

섬

나의 시선에 섬 하나가 생겼다
심해에서 치솟았기에 오래전의 얼굴과 닮았다

해설

나와 세계의 바로크적 선율

이희우
(문학평론가)

1. 커다란 교향곡

잠시 옛날이야기를 해볼까. 전해지는 이야기에 따르면 고대의 사유는 천문(天文)과 인문(人文)을 나누었다고 한다. 이때 천문은 '하늘의 무늬'를 뜻하고, 인문은 '인간의 무늬'를 뜻한다. 별의 운행을 살펴 절기를 헤아리는 천문학은 자연 세계의 원리와 패턴을 탐구하고, 인간의 내면을 살피는 인문학은 인간의 심성과 덕을 궁구한다. "천문을 관찰하여 이로써 때의 변화를 살피고, 인문을 관찰하여 이로써 천하를 교화시켜간다"(『주역』). 하지만 사유의 영역을 둘로 나누었다고 해서 각각의 전문가가 있는 것은 아니었다. 『주역』이 가르치는바, 사유하는 자라면 무릇 천문과 인문을 모두 관찰하고 살펴야 했다. 근대에 와서 천문학은 현대적인 천문학을 포함해 다양한 과학 영역

들로 분화했고, 인문학은 문학·역사·철학·언어학 등으로 나뉘었다. 유사 이래 인간의 사유는 곧 **나눔**의 역사라고 해도 아주 틀린 말은 아닐 것이다. 즉, 그 역사는 전문화와 분업화의 과정으로 볼 수 있고, 따라서 이제 천문과 인문을 모두 살피는 일은 몹시도 어려운 일이 되고 말았다. 어떤 분과의 학자나 전문가가 되는 일만 해도 어렵기 때문이다.

그런데 송재학은 이렇게 나뉜 것들을 종횡무진 가로지른다. 그는 하늘의 무늬와 인간의 문자 모두에 관심을 기울이고, 그 둘을 마주 보게 하고 교차시킨다. 이를테면, 별의 거대한 운행과 말의 섬세한 역사를 만나게 한다. 이 시집에는 과학자에게 기대될 법한 탐구의 태도와 시인에게 기대될 법한 서정적 감수성이 어우러져 있다. 송재학의 시가 어렵다면, 아마 그 이유의 일부분은 여기 있을 것이다. 이 시집에는 천문학·기하학·생물학 등 과학 분과들이 다룰 법한 소재나 개념이 종종 나온다. 시집에서 그런 어휘들을 보는 것은 여전히 조금은 생경한 일이고, 그것들을 서정적 어조에 잘 어우러지게 하는 것은 특히 어려운 일이다. "위턱과 아래턱 사이의 둔각을 만드는 생물학은 낯설지만"(「입의 증식」), 이 낯선 어휘들의 다채로운 활용은 시의 언어를 활달하고, 입체적이고, 울퉁불퉁한 것으로 만들어준다. 따라서 이 시집에 과학 책에 있을 법한 용어들이 등장하고, 말의 변천사에 대한 재미난 통찰이 등장하고(「부처」), 예기치 못한 사물의 풍속사가 제시되고 (「낮에 대한 궁리」), 자전하는 행성과 낡아가는 말의 궤도가 교차하는 것(「자전」)도 놀라운 일은 아니다. 시집의 시야가 얼마나 광대한지를 염두에 둔다면 말이다. 물론 소재의 우주적·자연사적 광대함이라는 측면뿐 아니라, 시에 대한 성찰의 깊이라는 측면에서도 이 시집은 '크다'. 시가 어디서 출발하는지, "시의 여정"(「지구의 중력」)이란 무엇인지 묻고 답하는 과정은 이 시집의 중요한 축이다. 또한, 굽이굽이 구부러지며 다른 감각들을 가로지르는 만연체 문장들로 가득한 이 시집은 문장이 움직이는 폭이라는 측면에서 봐도 역시 크다.

사실 어떤 사상이나 작품이 '거대하다'라는 평은 종종 부정적인 의미로 쓰이기도 하지만, 그건 어디까지나 거대함이 섬세함·민첩함·유연함의 반대말로 쓰일 때 그런 것이다. 만약 어떤 작품이 거대한 동시에 섬세하고 민첩하면서 유연하기까지 하다면 그보다 더 좋을 수 있을까. 이번 시집이 시인의 전작들보다 한층 광대하고 깊어졌다 해도, 그것이 둔중함이나 뻣뻣함을 의미하는 것은 아니다. 이 시집의 거대함은 제국의 거대함, 백과사전의 무거움보다는 차라리 교향곡의 풍부함에 가깝기 때문이다. 교향곡은 **다수의 선율**로 이루어져 있다. 교향곡이 얼마나 빼어난지는 각각의 선율이 얼마나 대범하게 유희하는지, 그러면서도 어떻게 자연스럽게 모이는지, 그러고 나서 얼마나 자유롭게 다시 흩어지는지에 달려 있을 것이다.

2. 시의 여정: 미분(未分)에서 미분(微分)으로

이제 이 시집의 선율과 모티프 들을 따라가보자. 하지만 그 전에 (교향곡을 감상할 때 가장 먼저 귀에 들리는 첫 마디— 모티프— 가 중요한 것처럼) 우선은 첫번째 시를 기억해둬야 할 것이다.

> 시라는 붉은 면적이 있다
> —「너에게 속삭이는 말이면서 아직 나에게 하는 말 중에」 전문

단 한 행의 아주 짧은 시다. 해설로 옮기면서 형식이 불편해졌지만, 통상 시를 읽을 때 우리는 제목을 읽고 곧이어 본문을 읽는다. 따라서 이 시의 경우, 제목과 본문은 자연스럽게 이어지는 하나의 문장으로 읽힌다. 여기서 시인은 시를 어떻게 정의하는가? 시인이 단언하는바 시는 "붉은 면적"이다. 이 비유에서 이미 우리는 시인의 완숙한 감각과 기술을 엿볼 수 있다. 단 한 문장만으로 내밀한 소리와 육감적인 색채를, 추상적 의미와 물리적 성질을, 너와 나를 지그재그로 누비고 있는 것이다.

또한, 시라는 붉은 면적은 '너에게 속삭이는 말이면서 아직 나에게 하는 말'에 속한다. 그렇다면 시란 양방향으로 발신되는 말일까. 마치 양쪽의 스피커를 통해 어떤 신호가 동쪽과 서쪽으로 동시에 송출되는 것처럼? 하지만, 아니다. 사실 이 '말'은 너의 마음을 향하는 **동시에** 내 마음을 향하는 것이 아니다. 어째서인가? 답은 '아직'이라는 부사에 있다. 말이 두 방향으로 발신된 게 아니라, 너와 내가 아직 완전히 분리되지 않은 것이다. 아직 나의 마음이 너의 마음에서 독립하지 않은 것이다. 시라는 말은 너와 내가 중첩된 모호한 지대, 내가 네 안으로 말려들고 네가 내 안으로 접혀든 이상한 주름, 그 주름의 "붉은 면적"에 거하고, 더 정확히 말하자면 붉은 면적 자체다. 시는 너와 내가 나뉘지 않은 곳, 즉 **미분화**(未分化)된 지대의 언어다. 말하자면 그곳은 시의 서정적 영도(零度)다.

하지만 이것이 시에 대한 충분한 규정일 리는 없다. 우선 우리는 이 시가 시집의 1부 맨 처음에 위치한, 발문의 성격을 갖는 시라는 것을 염두에 둬야 한다. "붉은 면적"은 이 시집의 시들이 도착하는 곳이 아니라 출발하는 곳이다. 어떤 시들은 고향으로 돌아오듯 이 장소로 귀환하겠지만, 또 어떤 시들은 "되돌아가지 않겠다는/눈먼 심해어의/두근거리는 마음"(「흰색」)으로 먼 여정을 떠날 것이다. 그러니 이렇게 짐작해보자. 시는 너와 내가 아직 분화되지 않은 모호한 지대에서 시작되어 더 **먼 곳**으로

간다고.

달리 말해 (타자와 자아가 분리되지 않는) 물아일체의 모호함은 시가 출발하기 위한 필요조건이지 시의 충분조건은 아니다. 잘 알려져 있듯, 오래전에 시인은 "애매성의 공간에 명쾌함을 부여하려고 노력"[1]한다고 말했다. 그는 우리가 잘 인식하거나 언어화하지 못하는 애매한 지대에 헌신해왔다. 하지만 그것을 그저 '있는 그대로' 두려 한 것은 아니다. 언어를 통해 그 지대에 접근하면서 그곳의 논리와 구조를 드러내려 한 것이다. 그때 시인은 자신의 "서투른 노래"가 여전히 애매성의 공간에 사로잡혀 있을 뿐이라고 겸손하게 말했지만, 거의 30여 년이 지난 지금 독자인 우리는 시인의 시가 다른 경지에 도달했다고 확실히 말할 수 있다. 애매성의 공간이 이제 완전히 명쾌해졌다는 것이 아니다. 오히려 애매함은 더 광활한 애매함이 되고, 명쾌함은 더 첨예한 명쾌함이 되었다는 것이다.[2]

이 시집 역시 송재학의 다른 시집들처럼 애매모호한 것에의 애착과 관심이 견지되고 있다. 시집의 두번째 시는 눈 없이 태어나 입 없이 죽는 생물을 이야기하고(「어떤 입을 보고 입을 다물었다」), 세번째 시는 녹아내리면서 입과

---

[1] 송재학, 「自序」, 『그가 내 얼굴을 만지네』, 민음사, 1997.
[2] 송재학의 '명쾌한 애매함'에 대해서는 이미 여러 평자가 자세히 다룬 바 있다. 특히 권혁웅의 「죽음과 형식」(『내간체를 얻다』, 문학동네, 2011)과 신형철의 「검은 2인칭의 시」(『검은색』, 문학과지성사, 2015)를 참조.

눈이 사라지는 눈사람을 이야기한다(「눈사람」). 즉 아직 발생하지 않은 것, 처음부터 없는 것, 사라지는 것 들에 대한 관심이 드러나는 것이다. 그리고 눈이 녹은 후의 흰빛처럼, 가로등이 꺼진 뒤의 불빛처럼 사라진 이후에도 남아 있는 무엇(「가로등이 꺼지면 더딘 불빛은 어디로 가는 걸까」)에의 관심도 두드러진다. 형상이나 언어 이전에 존재했고, 형상이나 언어가 사라진 이후에도 존속하는 그 '무엇'에의 헌신. 이것이 시집의 도입부에서 표명되는 관심과 애정이라고 볼 수 있다.

그런데 도입부를 지나 만나게 되는, 시집의 허리를 차지하는 시들은 더 복잡하고 활달하며 날카롭다. 시집 전반에 걸쳐, 여러 어휘와 형상이 방사형으로 펼쳐졌다가 모이고 다시 산개한다. 기관들은 분화하고, 입은 증식(「입의 증식」)하고, 시간에 따라 단어의 발음이 변하고(「부처」), 동사는 복잡하게 굴절되고(「리스본 가이드」), 새들은 먼 해변에 도착해 다시 비행을 시작하고(「해변 b」), 행성의 운행에 따라 "생각도 먼지처럼 흩어지고 뭉쳐진다"(「가니메데라는 궤도」). 이 엄청난 변화와 운동은 이 시집 전체가 어떤 영도("붉은 면적")에서 발산하는 **바로크적 세계**임을 말해준다. 마치 바흐의 푸가처럼, 이 시집은 "합쳐졌다가 헤어졌다가"(「눈을 바라보는 눈 1」) 하는 복잡한 선율들로 이루어져 있다.

시집 곳곳에 '곡선의 선율들'을 표현하는 여러 모티프가

드러난다. 가령 새의 항로, 별의 궤도, 해변의 곡선, 고래의 항해 등. 이중 새의 항로를 살펴보자.

> 직선 대신 점과 점이라는 항로는 새에 대한 의문의 형식이다 세계라는 말을 생략한 직각을 찾아가는 새 떼에게 표정이 있다면 비행의 높이라는 건 짐작이지만, 부글거리고 있을 해변 b의 이정표는 정지 화면을 되풀이한다
> ―「해변 b」 부분

아주 많은 것을 생략하고 있기에 어려운 구절이다. 종이접기를 다시 펼치듯, 생략된 시의 맥락을 유추해보자. 철새들은 철마다 놀랄 만큼 먼 거리를 이동한다. 몇 달에 걸쳐 다른 대륙으로 이동하기도 한다. 철새의 항로를 가장 간단하게 표시하는 방법은 출발지와 도착지를 '직선'으로 잇는 것이다. 하지만 단순한 추상인 직선은 미세하고 다채로운 변화를 품고 있는 새의 항로를 자세히 표시하지는 못한다. 이동 중인 새들이 발견되는 어떤 지점들은, 그 가상의 직선에서 벗어나 있을 것이다. 직선에서 벗어나는 "점과 점"은 새들의 신비로운 비행에 대한 의문을 낳는다. 그들은 어떤 항로를 따라 이동하고 있는 것일까? 그들은 어떻게 세계에 대한 언어적 표상("세계라는 말") 없이 항로를 찾아가는가? 우리 인간에게 위치를 알려주는 언어적

표상("이정표")은 신비로운 새들의 운동에 비하면 메마른 것, 지루한 것, 정지한 것, 죽어 있는 것이다.

시는 이렇게 구구절절한 설명을 생략함으로써 어려워지지만, 동시에 그럼으로써 새의 항로처럼 다채롭고 풍부한 무엇이 된다. "새에 대한 의문"을 합리적인 관찰과 논리로 해소하려는 것이 과학이라면, 시는 오히려 "의문의 형식" 자체가 되려고 한다. 새의 표정이 그 모호함으로 인해 여러 관점에서 "짐작"[3]될 수 있는 것처럼, 시 역시 어떤 애매함을 간직하면서 여러 해석을 가능케 한다. "직선"과 "점과 점이라는 항로"의 대비는 여러 의미로 해석될 수 있다. 이를테면 수학적으로. 새 떼가 세 시간 동안 남쪽으로 120킬로미터 정도를 이동했다고 해보자. 그렇다면 새들은 평균 시속 40킬로미터로 비행한 것이다. 이렇게

---

[3] 이 시집의 화자는 종종 '짐작하는 사람'이다. 몇 가지 예를 들어보자: ①"저수지에서 꿈틀거리는 양서류의 전체는 도대체 짐작이 가질 않는다"(「파문이거나 물결이거나」), ②"귀신고래 무리라고 터무니없이 짐작되는 것들"(「아파트를 업고 다니는 그림자」), ③"몇 개의 눈동자가 있는 호수를 생각하면서 눈이 생기거나 눈매가 샐쭉해지는 이유를 짐작했다"(「눈을 바라보는 눈 1」), ④"우연은 필연의 배후라는 생뚱맞은 짐작처럼"(「말머리성운」), ⑤"누군가 얼굴의 수심에서 자신과 닮은 부분을 찾아가리라는 짐작이다"(「데스마스크」), ⑥"문득 내 이름이 지명이거나 당신으로부터 비롯되었다는 짐작을 합니다"(「습이거나 스페인」).
이게 전부는 아니지만, 사례들을 더 길게 늘어놓을 필요는 없을 것이다. 요점은 이 시집의 화자가 끊임없이 궁리하고 짐작한다는 것이다. 어째서 그럴까. 아마 우리가 명쾌함을 최대로 늘리더라도 애매함은 사라질 수 없기 때문일 것이다. 세상에는 '아직' 나뉘지 않은 것뿐만 아니라 '끝내' 나뉠 수 없는 것들도 있기 때문이다.

평균으로 표시되는 것이 '직선'이다. 하지만 더 자세히 살펴보면, 새들은 세 시간 동안 동일한 고도에서, 완벽한 직선 경로를 따라, 일정한 속도로 비행하지 않았을 것이다. 비행하는 동안 방향과 속도와 높이가 조금씩 변했을 것이다. 변화와 운동 속에 있는 어느 순간의 속도나 높이를 구하려면 새들의 항로를 점에 이르기까지 무한히 잘게 쪼개야 한다. 주지하다시피 이렇게 "직선 대신 점과 점이라는 항로"를 구하는 것을 수학에서는 미분(微分)이라 한다. '직선'으로는 ('남동쪽으로 시속 40킬로미터'처럼) 평균적인 변화율밖에 구할 수 없다. 미분을 통해서는 순간순간 변화하는 '곡선'을 이루는 "점과 점"의 변화율을 구할 수 있다.

이 미분은, 앞서 언급했던—아직 나누어지지 않음을 뜻하는—미분과는 다르다. 미분(未分)과 미분(微分)은 거의 반대되는 말이다. 微分을 풀이해보면 미세하게 나눈다는 뜻이 된다. 시는 **미분화된 세계**에서 출발하지만, **세계를 미분**하기도 한다. 시는 너와 내가, 주체와 대상이 아직 나누어지지 않은 애매성의 공간에서 출발하지만, 동시에 독특한 방식으로 세계를 나누면서 명쾌한 차이를 드러내기도 한다. 가령 직선과 새의 차이를.

3. 슬픔이라는 점, 무늬라는 선

바로크음악의 특징은 여러 선율이 끊임없이 변주되며 나뉘고 합쳐지기를 반복한다는 데 있다. 이 시집에서도 여러 모티프나 시상이 변주되며 이어지고, 자연 세계의 움직임과 언어의 운동이 멀리 분기하고 다시 만나기를 반복한다. 이렇게 만나고 헤어지기를 반복하는 세계와 언어의 항로가 "시의 여정"(「지구의 중력」)일 것이다. 그리고 이 여정은, 형식적으로 보면 '점과 선'으로 표시될 수 있다. 선들이 모이는 **점**. 점으로부터 다시 펼쳐지는 **선**. 가령, 새들이 착지하는 해변은 비행의 종점이자 기점이다. "다시 도착하는 새들에 의해 어떤 해변은 끝이 아니라 시작이다"(「해변b」). 한편 "먼 곳까지 연속사방무늬로 이어진 해변"(같은 시)은 그 자체로 종점과 기점을 잇는 곡선이기도 하다. 해변은 점이기도 하고 선이기도 하다. 점과 선이라는 두 축으로 이 시집을 읽어볼 수 있을 것이다.

점이 체류한다면, 선은 이동한다. 점이 음표라면, 곡선은 음향과 뉘앙스다. 명사가 점의 성격을 갖고 있다면, "동사 굴절"(「리스본 가이드」)은 곡선의 성격을 갖고 있다. 그렇지만 점과 선이 꼭 대립적인 것은 아니다. 더 자세히 말해서 이동과 체류, 여행과 거주는 짧게 봤을 때만 대립한다. 이 세상에서의 체류가 하나의 여행일 수 있는 것처럼, 더 크게 보면 둘은 대립하지 않는다. 휘어지는 선들은 교차하면서 점들을 만들어내고, 점들은 선들에 주기를 도입하면서 어떤 무늬를 만들어낸다(DNA 나선 구조를 떠올려보라). 명사는 고정적이고, 동사는 유동적이라는 단순한 대립으로는 송재학 시의 다층적인 리듬과 율동을 읽어낼 수 없을 것이다. 오히려 명사(이름)는 서로 다른 움직임들의 교차점이고, 동사(동작)는 그곳을 경유하며 이름을 실어 나르는 곡선들이다. 따라서 둘은 대립하지 않고, 오히려 동행한다. "이름을 가진다는 것은 세상의 미묘한 동작들과 동행하는 겁니다"(「습이거나 스페인」).

언어에 민감한 사람이라면, 얼핏 정지하고 고정된 듯 보이는 낱말이나 이름도 그 속에 변화의 역사를, 변화의 가능성을 품고 있음을 알 것이다. '습(霫)'이라는 이름도 이미 (아마 음차에 의한) 변형의 결과이고, "습이라는 고대 동이족" "습지" "습설"…… 등에 대한 연상으로 분산되면서 움직이고 있다. 이 시집에서 고정된 것, 뻣뻣한 것, 불변의 것을 찾기는 어렵다. 잠시 모든 것이 정지하는 특별한 순간이 있지만, 그것 역시 커다란 운동의 곡선 속에 있는, 미분(微分)된 점의 찰나이다.

> 날치 떼의 방언은 씨줄과 날줄처럼
> 모든 것을 생략하고도 엉키지 않는다네
> 공중으로 날아올랐다가
> 다시 수면에 닿으면서

> 등뼈부터 먼저
> 물의 건축에 도착하는
> 소란과 고요의 일시 정지
>
> ─「바다의 힘」부분

　날치 떼의 놀라운 운동은 "씨줄과 날줄처럼" 어떤 선들을 그려나간다. 어쩌면 "모든 것을 생략하고도 엉키지 않는" "방언"은 그러한 날치 떼의 운동을 닮은 시의 언어일 것이다. 한편 날치의 등뼈가 수면에 닿는 그 순간, "소란과 고요의 일시 정지"라고 표현된 그 특별한 순간은 점이라고 할 수 있다. 날치의 곡선운동이 수면과 교차할 때마다 점이 찍힌다.

　이 시집의 구성 역시 그러하다. 시의 문장이 굽이굽이 이어지며 운동하는 와중에 문득 환기되는 '서정적 영도'가 중요한 점의 역할을, 말하자면 반복되는 쉼표나 온점의 역할을 한다. 이 시집에서 시가 씌어지는 방식─문장이 낱말들을 실어 나르는 방식, 독자에게 말을 거는 방식─은 날치의 운동처럼 활달하고 자유분방하지만, 문득 독자를 멈춰 세우는 어떤 슬픈 지점도 있다.

> 　어떤 무늬가 너의 몸에 기워진 건 알고 있니, 물고기 뼈처럼 생긴 무늬는 희고 촘촘하면서 지워지지 않을 게 분명해, 거치무늬, 격자무늬, 결뉴무늬, 궐수무늬, 귀면

무늬, 기봉무늬, 길상무늬, 능삼무늬, 무늬의 이름을 말해보다가 마지막에 만난 빗살무늬, 무늬를 처음 그려본 사람은 어떤 슬픔에 누웠을까,

―「빗살무늬」부분

 이 시는 독자에게 말을 걸듯 시작한다. '너'의 몸에 무늬가 있다. 아마 우리 각자의 몸에 무늬가 있다. 업보일 수도, 운명일 수도, 습관일 수도 있는 그 무엇. 당신은 그것을 생각해본 적 있는가. 이 "지워지지 않"는 무늬를 의식하면 궁금해지기 마련이다. 이 무늬는 어디서 시작되었을까. 어쩌다 이런 모양으로 자리 잡았을까. 시인은 이런 의문에 대답하지 않고 슬쩍 말을 돌리며, 태연하고 분방하게 무늬의 이름을 나열한다. 그러다, 갑자기, 무늬를 처음 그린 사람의 슬픔으로 비약한다. 이 세상의 어느 때 어느 곳에선가, 어떤 무늬를 처음 그린 사람이 있을 것이다. 그는 여느 인간이 그렇듯 슬픔에 누운 적이 있을 것이다. 물론 상식적으로 생각해보면, '무늬를 그리는 행위'와 '슬픔이라는 감정'이 인과관계는 아니다. 무늬를 그린다고 슬퍼지는 것이 아니고, 슬프다고 무늬를 그리게 되는 것도 아니기 때문이다. 누군가 어느 때 무늬를 그렸고 또 어느 땐가 슬픔에 잠겼을 뿐이다. 이렇게 '우연적인' 관계를 마치 '인과적인' 연결처럼 말하는 것, 이것이 서정시에 허용된 권능이다. 마치 종이를 접어 꼭짓점들을 닿게 하듯이

서정시는 세계를 접어 상관없는 것들을 닿게 한다. 그렇게 하여 세계에 어떤 주름을—무늬를—새긴다.

 이 서정적 '연결'은 다음과 같은 생각을 자극한다. 아마도 우리 몸에 새겨진 무늬는 (종교적으로 보면) 업보, (사회과학적으로 보면) 습관, (정신분석학적으로 보면) 무의식 등에 의해 조형되었겠지만, 그 업보·습관·무의식의 밑바탕에는 결국 슬픔이 있으리라고. **처음**에는 모종의 슬픔이 있었다. 인간에게 슬픔이 없었다면 업보·습관·무의식 따위의 설명도 필요하지 않았을 테고, 슬픔이 없었다면 우리의 몸은 흰 뼈 같은 무늬를 갖지 않았을 테다. 슬프지 않았다면 시가 세계를 접어 주름을 만드는 일도 없었을 테다…… 따라서 슬픔은 여러 선(선율, 무늬)이 그로부터 갈라져 나오는 하나의 점인 것이다.

4. 음악의 시작과 끝, 혹은 회한과 설렘

 시집 전반에서 볼 수 있는 활달한 운동, 문장의 자유로움과 대조적으로 어느 시에서는 고요한 슬픔이 눈처럼 쌓이고, 어떤 회한의 정조가 반복적으로 나타나기도 한다. 아마 이러한 정조는 시인의 자기 인식과도 관련이 있을 것이다. 큰 수술을 겪은 듯한 시인은 이제 "수다스러운 날들을 되돌아"본다.

퇴원하던 날*의 밤, 인기척이 나를 깨웠다 어둠과 함께 온 너는 흉흉하고 쭈글쭈글한 회색 안에서 이목구비를 억지로 만들고 있다 텅 비어버린 육신마다 내 병의 후유증을 구겨 넣고 네가 온 걸까 너의 시선은 나를 자꾸 위축시키는데, 나는 어디로 가야 하나 수다스러운 날들을 되돌아보니 그곳이 여기보다 더 신산하리라는 헛됨으로 우물쭈물하는 동안 아내가 불을 켜고 너는 없다 얼굴만 모였던 아버지와 할아버지와 고모도 사라졌다 세상에 없는 이들이다 흰색의 작은 빛 같은 분말들, 천지간에 분분한 장면이 덧칠하듯 겹치는데 밤은 아슬하기도 했다

* 2013년, 수술 후유증에 한참 시달렸다.

─「섬망」 전문

'너'는 누구일까. 수술의 후유증과 같은 혼몽한 "회색"에서 어렵사리 나타난 너의 기척이 나를 깨운다. 동시에 "너의 시선은 나를 자꾸 위축시"킨다. 그렇다면 '너'는 나보다 훨씬 거대한 무언가일 테다. 어쩌면 너는 죽음일까. '너'의 기척과 함께 "세상에 없는 이들"의 얼굴이 함께 사라지는 것을 보면, 그럴 수도 있을 것 같다. 사랑했던 이들은 이제 이 세상에 없다. 그들의 얼굴은 죽음의 기척과 함

께 사라졌다.

 죽음과도 같은 절대적인 타자의 시선은 나의 처지를 돌아보도록 촉구한다. 그리하여 시인은 지난날의 수다스러움—어쩌면 젊음의 소란스러움일 수도 있고, 이승의 시끄러움일 수도 있으며, 예술의 분방함일 수도 있다—을 뒤돌아본다.

 시집 전반에서 지나온 삶과 자기 자신에 대한 반추가 언뜻언뜻 엿보인다. 때로는 우주의 거대함에 웅대한 자아를 마주 세워보기도 하고(「가니메데라는 궤도」) 때로는 그 거대함에 비추어 '먼지'와 같은 생의 사소함을 기억하기도 한다(「스타더스트」). 타자의 시선을 마주하는 '나'는 때로는 아주 크고 때로는 아주 작은데, 이 변화무쌍함이 흥미롭다. 하지만 만약 이러한 되돌아봄과 자기반성이 그 모든 선율의 종착지라면, 즉 모든 활달한 선율이 '나'(크든 작든 반성하는 주체)에게로 수렴된다면, 그렇게 음악이 종막으로 치닫는다면, 이는 다소 씁쓸하고 쓸쓸한 일이 아닐 수 없다.

 하지만 이 시집에 나타난 정조가 자기 생에 대한 회한만 있는 것은 당연히 아니다. 타자의 시선이 종종 '나'를 일깨우기는 하지만, 그것은 단순히 타자에 비추어 자신을 보는 나르시시즘적 회귀가 아니다. 만약 '나'의 회한 혹은 반성이 여러 선율을 하나로 모으는 종착점으로 기능했다면, 시들의 다양성과 활달함은 빛바랬을 것이다. 모든 타자의 존재는 자기 인식의 구조로 환원되고 말았을 것이다. 이 시집에서 자신에 대한 회한이나 반성은 종착지가 아니다. 그 역시 이 '시집-교향곡'을 구성하는 **하나의 선율일** 뿐이다. '나'는 여러 말과 사물이 거쳐가는 통과점이지만, 동시에 여러 말과 사물을 통과하는 곡선이기도 하다.

> 내가 돌아가야 하는
> 푸른 별은
> 누군가의 눈물 한 방울
> 그림자와 그림자가 겹치는 곳
> [……]
> 어떤 별로 돌아가라는
> 우울의 간격,
> 나는 떠나야 하네
> ─「푸른 별」부분

'나'는 돌아가기 위해 떠나야 하고, 떠나기 위해 돌아와야 한다…… 어떤 푸른 점 같은 눈물 한 방울로. 눈물 한 방울 같은 이 지상의 세계로. 이 여정에는 분명히 비애가 깔려 있지만, 이 비애가 곧 허무는 아니다. 이 시집의 중요한 통찰은, 어떤 '끝'이 단순히 끝일 수는 없다는 데 있을 것이다. 거기서 무언가가 다시 시작되기도 하기 때문이다. 「해변 b」에서 볼 수 있었던 것처럼, 새들은 페루에 가서 죽기만 하는 것이 아니라 새로운 비행을 시작하기도 한다. 이 시집 역시 새로운 여정을 암시하며 끝나고 있다.

> 도로를 덮은 폭설 속
> 눈에 묻힌 의자
> 온전히 흰색이 되었어
> 되돌아가지 않겠다는
> 눈먼 심해어의
> 두근거리는 마음
>
> ─「흰색」 전문

시집 후반부(끝에서 두번째)에 수록된 이 시는 시집 초반부(앞에서 세번째)에 수록된 「눈사람」에 나타난 모티프를 변주한다. 「눈사람」에서 등장한 모든 소란을 감싸는 고요한 흰색의 모티프는 「흰색」에서 다시 한번 부각된다. 그리고 그 눈사람은 녹아내리면서 "입이나 눈 없이 돌아오리라는 소식과 풍문"을 남겼다. 시집 말미에 등장한 "심해어" 역시 마찬가지로 눈이 없다. 그렇다면 이 심해어는, 시집의 시작과 함께 녹아서 사라진 눈사람의 환생이 아닐까? "눈에 묻힌 의자"는 사라진 눈사람의 빈자리가 아닐까? 하지만 이 시를 단순한 되풀이나 귀환으로 볼 수는 없는데, 심해어가 "되돌아가지 않겠다는/[······]/두근거리는 마음"을 품고 있기 때문이다. 이 마음은 가보지 않은 먼 길을 다시 떠나려는 자의 설렘일 것이다. 이렇게 보면 이 시집의 구성은 참으로 역설적이면서도 아름답다. 시집은 시작과 함께 사라짐(입을 다물고, 눈사람은 녹아내리고, 가로등은 꺼지고……)을 이야기했고, 끝남과 함께 다시 먼 길을 떠나는 설렘을 이야기하고 있다. 시작과 함께 끝나고, 끝남과 함께 시작된다. 이 시집-교향곡은 음악이 끝나려 할 때 또 다른 음악이 시작된다고, 지난 여정을 돌아본다고 생각했던 순간에 또 다른 여정이 시작된다고 말하는 듯하다. 다시 한번, "도착하는 새들에 의해 어떤 해변은 끝이 아니라 시작이다"(「해변 b」). 수렴점이 곧 발산점이 되며 변주가 끊임없이 이어지는 것, 무한히 다시 시작되는 것——이것이 바로 송재학의 '바로크적 세계'가 가진 역량일 것이다. 여기서 '나'는 세계로 돌아오고 세계는 다시 '나'로부터 분기한다.